Olympiades junior de mathématiques

50 Exercices d'annales avec solution détaillée.

UKMT, SMO, USAJMO, RMO,CMO,...

Volume 1

Pays des Maths paysdesmaths@gmail.com

loi n° 49-956 du 16 juillet 1949 sur les publications destinées à la jeunesse-aout 2023

Table des matières

Introduction

Cet ouvrage regroupe 30 exercices posés lors de différentes olympiades. Il s'agit d'olympiades junior et les questions sont de niveau introductif.

Pour chaque problème, le nom de l'organisme et l'année sont précisés.

Signification des sigles utilisés :

UKMT: United Kingdom Mathematics Trust

SMO: Singapore Mathematical Olympiad

IJMO: Indian Junior Mathematical Olympiad

RMO: Russian Mathematical Olympiad

POFM: Préparation Olympique Française de Mathématiques (French Mathematical Olympiad Preparation)

AIME: American Invitational Mathematics Examination

PMO: Philippine Mathematical Olympiad

VMO: Vietnamese Mathematical Olympiad

JMO: Japan Mathematical Olympiad

CJMO: Canadian Junior Mathematical Olympiad

OFM: Olympiade Francophone de Mathématiques (French Speaking Mathematics Olympiad)

JBMO: Junior Balkan Mathematical Olympiad

NZMO; New Zealand Mathematical Olympiad

SJMO: Sweden Junior Math Olympiad

USAJMO: United States of America Junior Math Olympiad

OCP: Olympiad Cayley Paper

Le but des olympiades junior est de développer le goût des mathématiques chez les élèves de collège. Il n'existe pas de programme officiel, chaque exercice faisant appel à des notions rarement vues en classe et dans lesquels il faut généralement faire preuve d'initiative et de créativité.

Le niveau de ces olympiades junior est bien supérieur à ce qui est demandé habituellement durant la scolarité et les épreuves peuvent paraitre déroutantes pour un candidat. Pour aborder ces compétitions le plus sereinement possible, une seule solution : faire de nombreux exercices afin d'acquérir certaines notions nouvelles et développer une méthode pour parfaire son raisonnement.

Cet ouvrage regroupe 30 exercices de niveau introductif posés lors de différentes compétitions. Tous les exercices sont corrigés en détail pour assimiler les notions essentielles et utiles à connaître.

Ce livre s'adresse naturellement aux élèves de collège, motivés par la résolution de problèmes hors programme scolaire et/ou cherchant à participer à différentes compétions pour étoffer leur dossier. Il sera particulièrement utile pour ceux qui recherchent un entrainement pour découvrir les olympiades junior ou tout autre concours mathématique.

Problèmes

Ex 1 (extrait de UKMT 2021)

Calculer :

$$\left(1 + \frac{1}{1^2}\right)\left(2 + \frac{1}{2^2}\right)\left(3 + \frac{1}{3^2}\right)$$

Ex 2 (extrait de OMB 2022)

Quel est le plus grand nombre premier qui divise $10^{22} + 10^{23} + 10^{24}$?

Ex 3 (extrait de UKMT 2019)

Combien de fractions comprises entre $\frac{1}{6}$ et $\frac{1}{3}$ inclus, peuvent s'écrire avec un dénominateur égal à 15 ?

Ex 4 (extrait de POFM 2015)

On définit $a_n = \frac{1}{2n-1} - \frac{1}{2n+1}$

Ainsi, $a_1 = 1 - \frac{1}{3}$ et $a_2 = \frac{1}{3} - \frac{1}{5}$

Soit $S = a_1 + a_2 + a_3 + ... + a_{100}$

Calculer $201 \times S$

Ex 5 (extrait de UKMT 2021)

Pour faire les 140 kilomètres entre Glasgow et Dundee, John parcourt une demi-heure en bus et deux heures en train. Le train roule 20 km/h plus vite que le bus. Le bus et le train roulent tous les deux à vitesse constante. Quelle est la vitesse du bus ?

Ex 6 (extrait de AMC 2023)

Quelle est la valeur de

$$3 + \cfrac{1}{3 + \cfrac{1}{3 + \cfrac{1}{3 + \cfrac{1}{3}}}}$$

1. $\dfrac{31}{10}$
2. $\dfrac{49}{15}$
3. $\dfrac{33}{10}$
4. $\dfrac{109}{33}$
5. $\dfrac{15}{4}$

Ex 7 (extrait de POFM 2016)

Trouver a tel que $\dfrac{1}{\sqrt{a+7}} + \dfrac{1}{7} = \dfrac{19}{84}$

Ex 8 (extrait de PMO 2017)

Trouver x si

$$\frac{79}{125}\left(\frac{79 + x}{125 + x}\right) = 1$$

1. 0
2. -46
3. -200
4. -204

Ex 9 (extrait de POFM 2019)

Sur mon tableau sont notés trois nombres. En les additionnant deux à deux, j'obtiens les trois sommes : 69, 72, et 81. Quel était le plus grand nombre écrit au tableau ?

Ex 10 (extrait de UKMT 2021)

Sur mon bureau, le rapport entre le nombre de crayons et de stylos était de 4/5. J'ai enlevé un stylo et je l'ai remplacé par un crayon et maintenant le rapport est de 7/8. Quel est le nombre total de crayons et de stylos sur mon bureau ?

Ex 11 (extrait de SMO 2021)

Soit $x = 2^{300}, y = 3^{200}, z = 6^{100}$.

Quelle proposition est correcte ?

1. $x > y > z$
2. $x > z > y$
3. $y > z > x$
4. $y > x > z$
5. $z > x > y$

Ex 12 (extrait de PMO 2009)

Simplifier :

$$1 - \frac{1}{3} + \frac{1}{5} - \frac{1}{7} + \frac{1}{11}$$

Ex 13 (extrait de UKMT 2022)

Deux nombres positifs a et b, avec $a > b$, sont tels que deux fois leur somme est égale à trois fois leur différence. Quel est le ratio a / b ?

Ex 14 (extrait de POFM 2015)

Calculer

$$\left(\frac{1 + 3^2}{\sqrt{21 + \sqrt{16}}}\right)^5$$

Ex 15 (extrait de UKMT 2021)

Amy, Bruce, Chris, Donna et Eve ont fait une course. Lorsqu'on leur a demandé dans quel ordre ils ont terminé, ils ont tous répondu par un vrai et un faux comme suit :

Amy : Bruce est arrivé deuxième et j'ai terminé troisième.

Bruce : J'ai terminé deuxième et Eve était quatrième.

Chris : J'ai gagné et Donna est arrivée deuxième.

Donna : J'étais troisième et Chris est arrivé dernier.

Eve : J'ai terminé quatrième et Amy a gagné.

Dans quel ordre les participants ont-ils terminé ?

Ex 16 (extrait de SMO 2022)

Soit a et b deux réels positifs vérifiant a < 0 < b. Laquelle de ces propositions est fausse ?

1. $a^2 b > 0$
2. $ab^2 < 0$
3. $\frac{a}{b} > 0$
4. $b - a > 0$
5. $|b - a| > 0$

Ex 17 (extrait de OMB 2020)

Si n est un nombre naturel non nul, $n\,!$ est une abréviation pour :

$$n(n-1)(n-2)\ldots \times 2 \times 1.$$

Par exemple, $5! = 5 \times 4 \times 3 \times 2 \times 1 = 120$. Quel est le plus petit nombre naturel non nul dont le produit par 12! est un carré parfait ?

Ex 18 (extrait de PMO 2016)

Si

$$27^3 + 27^3 + 27^3 = 27^x$$

Quelle est la valeur de x ?

1. $\frac{10}{3}$
2. 4
3. 9
4. 12

Ex 19 (extrait de CMO 2019)

Au jardin d'enfants, il y a une grande boîte avec des boules de trois couleurs : rouge, bleu et vert, 100 boules au total. Un jour Pacha a sorti de la boîte 30 boules rouges, 10 bleues, et 20 vertes et a joué avec. Puis il a perdu cinq boules et a remis les autres dans la boîte. Le lendemain, Sasha a sorti de la boîte 8 boules rouges, 18 bleues, et 48 vertes. Est-il possible de déterminer la couleur d'au moins une boule perdue ?

Ex 20 (extrait de UKMT 2021)

La solution à chaque indice de cette grille de « nombres croisés » est un nombre à deux chiffres, qui ne commence pas par un zéro.

<table>
<tr><td>1</td><td>2</td></tr>
<tr><td>3</td><td></td></tr>
</table>

Horizontalement :

1. Un nombre premier

3. Un carré

Verticalement :

1. Un carré

2. Un carré

Trouvez toutes les différentes manières dont cette grille de « nombres croisés » peut être complétée correctement.

Ex 21 (extrait de SMO 2020)

Lequel de ces 5 nombres a la plus grande valeur ?

$2^{30}, 8^{19}, 4^{14}, 6^{12}, 9^{10}$

1. 2^{30}
2. 8^{19}
3. 4^{14}
4. 6^{12}
5. 9^{10}

Ex 22 (extrait de AMC 2023)

La somme de trois nombres est 96. Le premier est égal à 6 fois le troisième qui lui-même est égal à 40 de moins que le second. Quelle est la valeur absolue de la différence entre le premier et le second ?

Ex 23 (extrait de POFM 2023)

Calculer le nombre

$$\frac{4^8}{8^4}$$

Ex 24 (extrait de UKMT 2021)

Le produit de cinq entiers différents est 12. Quel est le plus grand des entiers ?

Ex 25 (extrait de UKMT 2021)

Chaque lettre A, B et C représente un chiffre de 1 à 9. Trouver toutes les solutions possibles de l'opération.

$$
\begin{array}{r}
ABC \\
+\quad BCA \\
+\quad CAB \\
\hline
ABBC
\end{array}
$$

Ex 26 (extrait de SMO 2022)

Calculer

$$\sqrt{219 \times 220 \times 221 \times 222 + 1}$$

Ex 27 (extrait de PMO 2018)

Si 30 % de p est q et que 20 % de q est 12, combien font 50 % de p + q ?

Ex 28 (extrait de OMS 2023)

Quelle est la plus petite valeur que l'expression suivante peut prendre, pour un entier $x \geq 42$?

$$\frac{2023}{1+\dfrac{1}{x}}+\frac{2023}{1+x}$$

Ex 29 (extrait de AIME 2021)

Zou et Chou pratiquent leurs sprints de 100 mètres en courant 6 fois l'un contre l'autre. Zou gagne la première course, et après cela, la probabilité que l'un d'eux gagne une course est de 2/3 s'il a gagné la course précédente mais seulement de 1/3 s'il a perdu la course précédente. La probabilité que Zou gagne exactement 5 des 6 courses est de m/n, où m et n sont des nombres entiers positifs. Calculer m+n.

Ex 30 (extrait de POFM 2020)

Alexie et Baptiste possèdent chacun un immeuble. Chaque étage du bâtiment d'Alexie possède 3 salles de bains et 2 chambres. Baptiste quant à lui, possède 4 salles de bains et 3 chambres par étage. Il y a au total (c'est à dire dans les deux bâtiments) 25 salles de bains et 18 chambres. Trouver le nombre d'étages des immeubles d'Alexie et Baptiste.

Ex 31 (extrait de UKMT 2022)

Deux entiers positifs a et b, tel que $a > b$, sont tels que le double de leur somme est égal au triple de leur différence. Quelle est la valeur de $\frac{a}{b}$?

Ex 32 (extrait de RMO 2022)

Existe -t-il trois entiers plus grand que un, tel que le carré de l'un moins un soit divisible par les deux autres ?

Ex 33 (extrait de VMO 2018)

Soit P(x) un polynôme de degré 2017 tel que

$$P(k) = \frac{k}{k+1} \qquad \forall k = 0, 1, 2, \dots, 2017.$$

Calculer P(2018)

Ex 34 (extrait de Junior Kangaroo 2023)

Pour une liste donnée de trois nombres, l'opération « changesum » remplace chaque nombre de la liste par la somme des deux autres.

Par exemple, appliquer « changesum » à 3, 11, 7 donne 18, 10, 14. Arav commence par la liste 20, 2, 3 et applique l'opération « changesum » 2023 fois.

Quelle est la plus grande différence entre deux des trois nombres de sa liste finale ?

- A. 17
- B. 18
- C. 20
- D. 2021
- E. 2023

Ex 35 (extrait de UKMT 2021)

Dans la suite de Sally, chaque terme après le second est égal à la somme des deux termes précédents. De plus, chaque terme est un entier positif. Son huitième mandat est de 400.

Trouvez la valeur minimale du troisième terme dans la séquence de Sally.

Ex 36 (extrait de extrait de JMO 2016)

Calculer

$$\sqrt{\frac{11^4 + 100^4 + 111^4}{2}}$$

et donner la réponse qui est un entier.

Ex 37 (extrait de IJMO 2021)

Trouver x tel que :

$$x + \frac{x}{1+2} + \frac{x}{1+2+3} + \frac{x}{1+2+3+4} + \cdots + \frac{x}{1+2+3+4+\cdots 4041} = 4041$$

Ex 38 (extrait de PMO 2009)

Combien de paires ordonnées $(x;\ y)$ d'entiers positifs satisfont

$$2x + 5y = 100$$

A. 8
B. 9
C. 10
D. 11

Ex 39 (extrait de OCP 2015)

Les entiers a, b, c, d et e, tous non négatifs, vérifient les cinq équations suivantes :

$$\begin{cases} a + b + c = 2 \\ b + c + d = 2 \\ c + d + e = 2 \\ d + e + f = 2 \\ e + f + g = 2 \end{cases}$$

Quel est la Valeur maximale possible de $a + b + c + d + e + f + g$?

Ex 40 (extrait de UKMT 2021)

La première semaine après son anniversaire, l'oncle de Bill lui a donné de l'argent à placer dans sa tirelire. Ensuite, chaque semaine, Bill mettait 2 £ dans sa tirelire. À la fin de la neuvième semaine après son anniversaire, Bill avait triplé le montant avec lequel il avait commencé. Combien avait-il au total à la fin de la neuvième semaine ?

Ex 41 (extrait de SMO 2023)

Si x et y sont des nombres réels tels que $x + y = 12$ et $xy = 10$, trouvez la valeur de

$$x^4 + y^4$$

Ex 42 (extrait de OFM 2022)

Find all integers $n \geq 1$ such that $\lfloor \sqrt{n} \rfloor$ divides n.

Note: The integer part of a real number x > 0 is the largest integer less than or equal to x, and denoted $\lfloor x \rfloor$.

For example $\lfloor 1.4 \rfloor$ = 1, $\lfloor 2 \rfloor$ = 2 and $\lfloor 2.9 \rfloor$ = 2.

Ex 43 (extrait de NZMO2019)

Donner toutes les solutions de l'équation

$$(x^2 + 3x + 1)^{x^2 - x - 6} = 1$$

Ex 44 (extrait de POFM 2019)

Combien y a-t-il de nombres entre 100 et 999 (inclus) dont les chiffres forment une progression arithmétique s'ils sont lus de gauche à droite ?

Remarque : une suite de trois nombres a, b, c forme une progression arithmétique si :

$$a + c = 2b.$$

Ex 45 (extrait de UKMT 2023)

Combien de carrés sont exactement quatre fois plus grands qu'un nombre premier ?

- A. 0
- B. 1
- C. 2
- D. 3
- E. 4

Ex 46 (extrait de SMO 2023)

Quatre entiers positifs x, y, z et w satisfont les équations suivantes :

$$\begin{cases} xy + x + y = 104 \\ yz + y + z = 146 \\ zw + z + w = 524 \end{cases}$$

If the product $xyzw = 2^7 \times 3^2 \times 5 \times 7$, find the value of $x + y + z + w$.

Ex 47 (extrait de UKMT 2023)

Je lance deux dés standard à six faces. Au moins un des résultats obtenus est 3. Quelle est la probabilité que les deux résultats soient 3 ?

A. $\dfrac{1}{12}$

B. $\dfrac{1}{11}$

C. $\dfrac{1}{6}$

D. $\dfrac{1}{3}$

E. $\dfrac{1}{4}$

Ex 48 (extrait de USAJMO 2023)

Find the values of x, y, z (x, y, z are real numbers)

$$\begin{cases} xy + 4z = 60 \\ yz + 4x = 60 \\ zx + 4y = 60 \end{cases}$$

Ex 49 (extrait de AIME I 2018)

The number n can be written in base 14 as $a\ b\ c$, can be written in base 15 as $a\ c\ b$, and can be written in base 6 as $a\ c\ a\ c$, where a > 0. Find the base-10 representation of n.

Ex 50 (extrait de UKMT 2021)

La famille Smith est allée au restaurant et a commandé deux pizzas, trois Chili con carne et quatre plats de pâtes. Ils ont payé 53 £ au total.

La famille Patel est allée dans le même restaurant et a commandé cinq pizzas (les mêmes pizzas), six Chili con carne (les mêmes Chili con carne) et sept plats de pates (les mêmes plats de pâtes). Ils ont payé 107 £ au total.

De combien une pizza est plus cher qu'un plat de pâtes ?

Solutions

Ex 1 (extrait de UKMT 2021)

$$\left(1+\frac{1}{1^2}\right)\left(2+\frac{1}{2^2}\right)\left(3+\frac{1}{3^2}\right) =$$

$$\left(1+\frac{1}{1}\right)\left(2+\frac{1}{4}\right)\left(3+\frac{1}{9}\right) =$$

$$2\times\frac{9}{4}\times\frac{28}{9} = 14$$

Ex 2 (extrait de OMB 2022)

$$10^{22} + 10^{23} + 10^{24} =$$

$$10^{22}(1 + 10 + 100) =$$

$$10^{22} \times 111 =$$

On remarque que

$$111 = 3 \times 37$$

Et

$$10^{22} = 2^{22} \times 5^{22}$$

Donc,

$$10^{22} + 10^{23} + 10^{24} = 2^{22} \times 5^{22} \times 3 \times 37$$

Le plus grand nombre premier diviseur de $10^{22} + 10^{23} + 10^{24}$ est 37

Ex 3 (extrait de UKMT 2019)

En réduisant les fractions de l'énoncé au même dénominateur on obtient :

$$\frac{1}{6} = \frac{5}{30}$$

$$\frac{1}{3} = \frac{10}{30}$$

On recherche donc les fractions qui s'écrivent avec un dénominateur de 15, donc de la forme $\frac{n}{30}$, avec n un nombre pair.

Pour avoir une telle fraction comprise entre $\frac{5}{30}$ et $\frac{10}{30}$, n ne peut prendre que les valeurs de 6, 8 ou 10.

Les 3 fractions sont donc :

$$\frac{6}{30} = \frac{3}{15}$$

$$\frac{8}{30} = \frac{4}{15}$$

$$\frac{10}{30} = \frac{5}{15}$$

Ex 4 (extrait de POFM 2015)

Soit $S = 1 - \frac{1}{3} + \frac{1}{3} - \frac{1}{5} + \frac{1}{5} - \frac{1}{3} - \frac{1}{7} + \cdots + \frac{1}{199} - \frac{1}{201}$

$$S = 1 - \frac{1}{201}$$

Donc,

$$201S = 201 - 1 = 200$$

Ex 5 (extrait de UKMT 2021)

Soit v la vitesse du bus en km/h. La vitesse du train est $(v + 20)$ km/h

Avec l'énoncé, on obtient, $\frac{1}{2} \times v + 2(v + 20) = 140$

Ce qui donne $\frac{5v}{2} + 40 = 140$

D'où $v = \frac{2 \times 100}{5} = 40$

Ex 6 (extrait de AMC 2023)

On débute par calculer l'opération située tout en bas :

$$3 + \frac{1}{3} = \frac{10}{3}$$

Ensuite on remplace :

$$3 + \cfrac{1}{3 + \cfrac{1}{3 + \cfrac{1}{3}}} = 3 + \cfrac{1}{3 + \cfrac{1}{\frac{10}{3}}} = 3 + \cfrac{1}{3 + \frac{3}{10}}$$

$$3 + \cfrac{1}{3 + \frac{3}{10}} = 3 + \cfrac{1}{\frac{30 + 3}{10}} = 3 + \cfrac{1}{\frac{33}{10}} =$$

$$3 + \frac{10}{33} = \frac{99 + 10}{33} = \frac{109}{33}$$

Ex 7 (extrait de POFM 2016)

$$\frac{1}{\sqrt{a+7}} = \frac{19}{84} - \frac{1}{7} = \frac{19-12}{84} = \frac{7}{84} = \frac{1}{12}$$

En effectuant un produit en croix on obtient :

$$\sqrt{a+7} = 12$$

En élevant au carré cahque terme on obtient :

$$a + 7 = 144$$

Donc,

$$a = 144 - 7 = 137$$

Ex 8 (extrait de PMO 2017)

Tout nombre non nul, multiplié par son inverse donne 1, donc

$$① \begin{cases} 79 + x = 125 \\ 125 + x = 79 \end{cases} soit ② \begin{cases} 79 + x = -125 \\ 125 + x = -79 \end{cases}$$

En résolvant ces deux systèmes on obtient

Pour ①

$$\begin{aligned} x &= 125 - 79 = 46 \\ x &= 79 - 125 = -46 \end{aligned}$$ (ce qui est impossible)

Pour ②

$$\begin{cases} x = -125 - 79 = -206 \\ x = -79 - 125 = -206 \end{cases}$$

Ex 9 (extrait de POFM 2019)

Soit a, b et c les trois nombres notés au tableau

$$\begin{cases} a + b = 69 & \text{①} \\ b + c = 72 & \text{②} \\ a + c = 81 & \text{③} \end{cases}$$

$$\begin{cases} a + b = 69 & \text{①} \\ a + b - b - c = 72 & \text{①} - \text{②} \\ a + c = 81 & \text{③} \end{cases}$$

$$\begin{cases} a + b = 69 & \text{①} \\ a - c = -3 & \text{①} - \text{②} \\ a + c = 81 & \text{③} \end{cases}$$

$$\begin{cases} a + b = 69 & \text{①} \\ a - c = 72 & \text{①} - \text{②} \\ a - c + a + c = 78 & \text{①} - \text{②} + \text{③} \end{cases}$$

$$\begin{cases} a + b = 69 & \text{①} \\ a - c = 72 & \text{①} - \text{②} \\ 2a = 78 & \text{①} - \text{②} + \text{③} \end{cases}$$

On en déduit que $a = 39$

En remplaçant on obtient :

$$39 + b = 69 \quad \text{donc, } b = 30$$

$$30 + c = 72 \quad \text{donc, } c = 42$$

Ex 10 (extrait de UKMT 2021)

À l'origine, le rapport entre le nombre de crayons et le nombre de stylos était de 4/5, on note :

4x le nombre de crayons à l'origine

5x, le nombre de stylos à l'origine

Lorsqu'un stylo est remplacé par un crayon, le rapport crayons/stylos devient 7/ 8 ; donc

$$\frac{4x + 1}{5x - 1} = \frac{7}{8}$$

En effectuant un produit en croix, on obtient :

$$7(5x - 1) = 8(4x + 1)$$

$$35x - 7 = 32x + 8$$

$$3x = 15$$

$$x = 5$$

Par conséquent, le nombre total de stylos et de crayons sur mon bureau est de :

$$4 \times 5 + 5 \times 5 = 45$$

À noter que le nombre total (stylos et crayons) sur le bureau ne varie pas (on enlève un stylo pour le remplacer par un crayon).

Ex 11 (extrait de SMO 2021)

Il faut écrire ces trois nombres avec la même puissance grâce à la formule des puissances :

$$a^{m \times n} = (a^m)^n$$

$$x = 2^{300} = 2^{3 \times 100} = (2^3)^{100} = 8^{100}$$

$$y = 3^{200} = 3^{2 \times 100} = (3^2)^{100} = 9^{100}$$

$$z = 6^{100}$$

Donc,

$y > x > z$ (réponse 4)

Ex 12 (extrait de PMO 2009)

Tous les dénominateurs sont des nombres premiers donc :

$$1 - \frac{1}{3} + \frac{1}{5} - \frac{1}{7} + \frac{1}{11} =$$

$$\frac{3 \times 5 \times 7 \times 11 - 5 \times 7 \times 11 + 3 \times 7 \times 11 - 3 \times 5 \times 11 + 3 \times 5 \times 7}{3 \times 5 \times 7 \times 11} =$$

En factorisant 3 termes du numérateur par 7×11 on obtient :

$$\frac{7 \times 11(15 - 5 + 3) - 15 \times 11 + 15 \times 7}{3 \times 5 \times 7 \times 11} =$$

En factorisant 2 termes du numérateur par 15 on obtient :

$$\frac{7 \times 11 \times 13 + 15(-11 + 7)}{3 \times 5 \times 7 \times 11} =$$

$$\frac{7 \times 11 \times 13 + 15 \times (-4)}{3 \times 5 \times 7 \times 11} =$$

$$\frac{1001 - 60}{1155} =$$

$$\frac{941}{1155}$$

Ex 13 (extrait de UKMT 2022)

L'information donnée peut être écrite sous la forme :

$$2(a + b) = 3(a - b)$$

Ce qui donne $2a + 2b = 3a - 3b$

D'où

$5b = a$, donc le rapport a/b vaut $5/1$

Ex 14 (extrait de POFM 2015)

$$\left(\frac{1 + 3^2}{\sqrt{21 + \sqrt{16}}}\right)^5 =$$

$$\left(\frac{1 + 9}{\sqrt{21 + 4}}\right) =^5$$

$$\left(\frac{10}{\sqrt{25}}\right)^5 =$$

$$\left(\frac{10}{5}\right)^5 =$$

$$2^5 = 32$$

Ex 15 (extrait de UKMT 2021)

On garde à l'esprit que chaque personne a fait une déclaration vraie et une autre fausse.

Regardons la première réponse d'Amy (Bruce est arrivé deuxième) et supposons qu'elle soit vraie.

Si la première réponse d'Amy est vraie alors :

- la première réponse de Bruce est vraie (J'ai terminé deuxième)
- la deuxième réponse de Bruce est fausse (Eve était quatrième)

Si Eve n'était pas quatrième alors :
- la première réponse d'Eve est fausse (J'ai terminé quatrième)
- la deuxième réponse d'Eve est vraie (Amy a gagné)

Donc si Bruce est arrivé deuxième alors Amy a gagné, ce qui veut dire que les deux réponses de Chris (J'ai gagné et Donna est arrivée deuxième) sont fausses, ce qui est impossible.

Ce qui veut dire que la première réponse d'Amy (Bruce est arrivé deuxième) est fausse et la deuxième (j'ai terminé troisième) est vraie. Amy est donc arrivée troisième

Si Amy est troisième alors :
- la première réponse d'Eve est vraie (J'ai terminé quatrième)
- la deuxième réponse d'Eve est fausse (Amy a gagné)

Eve est donc arrivée quatrième

De plus si Amy est troisième alors :
- la première réponse de Dona est fausse (J'étais troisième)
- la deuxième réponse de Dona est vraie (Amy a gagné)
Si Eve est quatrième alors :
- la première réponse d'Eve est fausse (J'ai terminé quatrième)
- la deuxième réponse d'Eve est vraie (Chris est arrivé dernier)

Chris est donc dernier
Si Chris est dernier alors :
- la première réponse de Chris est fausse (J'ai gagné)

- la deuxième réponse de Chris est vraie (Donna est arrivée deuxième)

Dona est donc deuxième

L'ordre d'arrivée est :
Bruce, Dona, Amy, Eve, et Chris

Ex 16 (extrait de SMO 2022)
Si $a < 0 < b$ alors :

6. $a^2 > 0 \ donc \ a^2 b > 0$ Proposition vraie
7. $b^2 > 0 \ donc \ a^2 b < 0$ Proposition vraie
8. $a \ et \ b$ étant de signes contraires, $\frac{a}{b} < 0$ Proposition fausse
9. $b > a$ donc $b - a > 0$ Proposition vraie
10. $|b - a| > 0$ Proposition vraie

Ex 17 (extrait de OMB 2020)
En décomposant 12! en facteurs premiers, on obtient :

$$12! = 12 \times 11 \times 10 \times 9 \times 8 \times 7 \times 6 \times 5 \times 4 \times 3 \times 2 \times 1$$

$$12! = 2^{10} \times 3^5 \times 5^2 \times 7 \times 11.$$

2^{10} et 5^2 sont déjà des carrés parfaits, donc il suffit de multiplier ce nombre par :

$$3 \times 7 \times 11 = 231$$

pour obtenir le plus petit carré parfait non nul possible !

Ex 18 (extrait de PMO 2016)

$$27^3 + 27^3 + 27^3 = 27^x$$

$$27^3 \times 3 = 27^x$$

$$(3^3)^3 \times 3 = (3^3)^x$$

En utilisant la règle des puissances

$$(a^n)^m = a^{n \times m}$$

On obtient :

$$3^9 \times 3 = 3^{3x}$$

En utilisant la règle des puissances

$$a^m \times a^n = a^{m+n}$$

On obtient

$$3^{10} = 3^{3x}$$

D'où

$$3x = 10$$

Donc

$$x = \frac{10}{3}$$

Ex 19 (extrait de CMO 2019)

Oui, on peut en conclure qu'au moins une boule perdue est rouge et voici pourquoi.

Sasha a pris 18 boules bleues et 48 vertes ce qui veut dire qu'il reste au moins 18 + 48 = 66 boules non rouges dans la boîte.

Si aucune boule rouge n'avait été perdue, il y aurait au moins 30 boules rouges dans la boîte, donc il y a au moins 66 + 30 = 96 boules restantes dans la boîte.

On sait que Pacha a perdu 5 boules donc qu'il en reste 95.

Donc, Pacha a perdu au moins une boule rouge.

Ex 20 (extrait de UKMT 2021)

Tout d'abord, on sait que les carrés composés de deux chiffres sont 16, 25, 36, 49, 64 et 81

Le « 2 vertical » et le « 3 horizontal » sont des carrés avec le même dernier chiffre en commun donc 6.

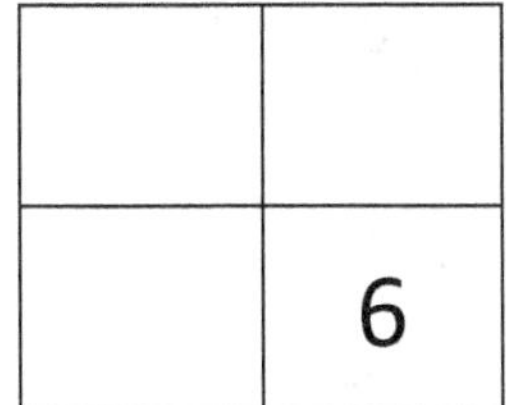

Le « 3 horizontal » se termine par 6 et est un carré parfait donc 16 ou 36. Le « 1 vertical » est un carré parfait se terminant par 1 ou 3, donc le « 3 horizontal » est 16 et le « 1 vertical » est 81.

Le « 2 vertical » est un carré se terminant par 6 (donc 16 ou 36), le « 1 horizontal » étant premier (81 n'étant pas premier), est donc égal à 83.

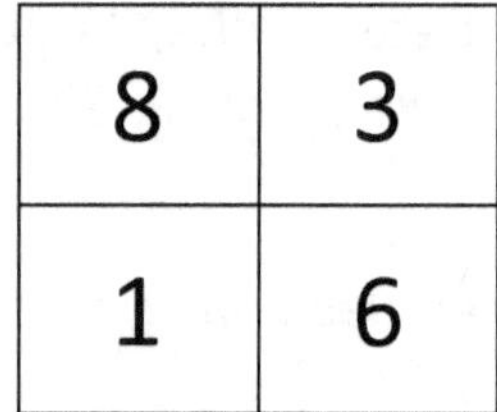

Ex 21 (extrait de SMO 2020)

En utilisant la règle des puissances

$$(a^n)^m = a^{n \times m}$$

On va comparer les 2 premiers

$$2^{30} = 2^{3 \times 10} = (2^3)^{10} = 8^{10}$$

$$8^{10} > 8^{19}$$

Le premier et le troisième

$$4^{14} = (2^2)^{14} = 2^{28}$$

$$2^{30} > 2^{28}$$

Le quatrième et le cinquième

$$9^{10} = (3^2)^{10} = 3^{20} = 3^{12} \times 3^8$$

$$6^{12} = (3 \times 2)^{12} = 3^{12} \times 2^{12}$$

$$3^8 = (3^2)^4 = 9^4$$

$$2^{12} = (2^3)^4 = 8^4$$

Donc $9^4 > 8^4$

Par conséquent :

$$9^{10} > 6^{12}$$

Et enfin, le premier et le cinquième :

$$2^{30} = 2^{3\times10} = (2^3)^{10} = 8^{10}$$

Donc, au final

$$9^{10} > 2^{30}$$

Ex 22 (extrait de AMC 2023)

Soit a, b et c les trois nombres dont la somme est 96.

$$a + b + c = 96 \ (\textcircled{1})$$

Le premier est égal à 6 fois le troisième, donc :

$$a = 6c$$

Le troisième est égal à 40 de moins que le second, donc

$$c = b - 40$$

$$b = c + 40$$

En exprimant l'équation $\textcircled{1}$ en fonction de c, on obtient :

$$6c + c + 40 + c = 96$$

$$8c = 56$$

$$c = 7$$

On en déduit que :

$$a = 6c = 42$$

$$b = c + 40 = 47$$

Donc, au final :

$$|a - b| = |42 - 47| = |-5| = 5$$

Ex 23 (extrait de POFM 2023)

$$\frac{4^8}{8^4} = \frac{(2^2)^8}{(2^3)^4}$$

En utilisant la règle des puissances

$$(a^n)^m = a^{n \times m}$$

$$\frac{4^8}{8^4} = \frac{(2^2)^8}{(2^3)^4} = \frac{2^{2 \times 8}}{2^{3 \times 4}} = \frac{2^{16}}{2^{12}}$$

En utilisant la règle des puissances

$$\frac{a^m}{a^n} = a^{m-n}$$

$$\frac{4^8}{8^4} = \frac{(2^2)^8}{(2^3)^4} = \frac{2^{2 \times 8}}{2^{3 \times 4}} = \frac{2^{16}}{2^{12}} = 2^{16-12} = 2^4 = 16$$

Ex 24 (extrait de UKMT 2021)

Le plus petit produit de cinq entiers positifs différents est :

$$1 \times 2 \times 3 \times 4 \times 5 = 120$$

Il faut comprendre par « entier », non pas « entier naturel » mais « entier relatif ». Par conséquent, au moins un des nombres entiers dans ce cas est négatif. Le produit des entiers est positif, ce qui implique que le nombre d'entiers négatifs parmi les cinq entiers différents est pair.

Le plus petit produit positif de quatre nombres entiers différents est :

$$-2 \times -1 \times 1 \times 2 = 4$$

On en déduit que les cinq seuls nombres entiers différents dont le produit est 12 sont −2, −1, 1, 2 et 3.

$$-2 \times -1 \times 1 \times 2 \times 3 = 12$$

Ex 25 (extrait de UKMT 2021)

Chaque lettre A, B et C représente un chiffre de 1 à 9. Trouver toutes les solutions possibles de l'opération.

$$
\begin{array}{r}
ABC \\
+\quad BCA \\
+\quad CAB \\
\hline
ABBC
\end{array}
$$

On additionne trois nombres à trois chiffres, donc le résultat est inférieur à 3000, ce qui donne $A = 1\ ou\ A = 2$.

On regarde les colonnes une par une en commençant par celle des unités, puis des dizaines, et enfin les centaines.

Avec la colonne des unités, on peut déduire que, comme A et B sont non nuls et $A + B < 20, C + A + B = 10 + C$.

Donc $A + B = 10$

Avec les colonnes des dizaines, on commence par reporter la retenue (égale à 1).

$1 + B + C + A = 10 + B$.

Donc $C + A = 9$

Avec les colonnes des centaines, on commence par reporter la retenue (égale à 1). On remarque qu'il y a une retenue de 1dans la colonne des milliers donc $A = 1$

$A + B = 10$

$B = 9$

$C + A = 9$

$$C = 8$$

Au final on obtient :

$$198$$

$$+\,981$$

$$\underline{+\,819}$$

$$1998$$

Ex 26 (SMO 2022)

On pose

$$219 = x$$

Si on exprime les autres termes de la multiplication, on obtient :

$$220 = x + 1$$

$$221 = x + 2$$

$$222 = x + 3$$

$$\sqrt{219 \times 220 \times 221 \times 222 + 1} =$$

$$\sqrt{x(x + 1)(x + 2)(x + 3) + 1} =$$

En développant le premier et le quatrième terme, on obtient

$$x(x + 3) = (x^2 + 3x)$$

En développant le second et le troisième terme, on obtient

$$(x + 1)(x + 2) = (x^2 + 3x + 2)$$

D'où

$$\sqrt{x(x + 1)(x + 2)(x + 3) + 1} =$$

$$\sqrt{(x^2 + 3x)(x^2 + 3x + 2) + 1} =$$

On pose $X = x^2 + 3x$ et en remplaçant on obtient

$$\sqrt{X(X + 2) + 1} =$$

$$\sqrt{X^2 + 2X + 1} =$$

$$\sqrt{(X + 1)^2} =$$

$$X + 1 = x^2 + 3x + 1 = 219^2 + 3 \times 219 + 1 = 48619$$

Ex 27 (extrait de PMO 2018)

« 20 % de q est 12 » se traduit mathématiquement par :

$0{,}2q = 12$ d'où en multipliant par 5 on obtient :

$$q = 60$$

« 30 % de p est q » se traduit mathématiquement par :

$$q = 0{,}3p$$

En remplaçant par la valeur de q on obtient :

$$60 = 0{,}3\,p \ d'\text{où}\ p = \frac{60}{0{,}3} = 200$$

« 50 % de p + q » se traduit mathématiquement par :

$$0{,}5(p + q)$$

D'où

$$0{,}5(p + q) = 0{,}5(200 + 60) = 130$$

Ex 28 (extrait de OMS 2023)

$$\frac{2023}{1+\frac{1}{x}} + \frac{2023}{1+x}$$

Si on réduit au même dénominateur, on obtient :

$$\frac{2023}{1+\frac{1}{x}} + \frac{2023}{1+x} =$$

$$\frac{2023(1+x) + 2023\left(1+\frac{1}{x}\right)}{\left(1+\frac{1}{x}\right)(1+x)} =$$

En factorisant l'expression devient :

$$\frac{2023\left[(1+x)\left(1+\frac{1}{x}\right)\right]}{\left(1+\frac{1}{x}\right)(1+x)} =$$

En simplifiant le résultat est :

$$2023$$

Le résultat est égal à 2023 quel que soit la valeur de x, donc la plus petite valeur que l'expression peut prendre est 2023.

Ex 29 (extrait de AIME 2021)

On a 5 cas possibles suivant la course que Zou a perdu.

Soit G une course gagnée, et P une course perdue pour Zou.

Les cas possibles (pour les 5 courses restantes) sont :

GGGGP, GGGPG, GGPGG, GPGGG, PGGGG

Pour le premier cas, la probabilité est de : $\left(\frac{2}{3}\right)^4 \times \left(\frac{1}{3}\right) = \frac{16}{3^5}$

Pour le deuxième cas, la probabilité est de : $\left(\frac{2}{3}\right)^3 \times \left(\frac{1}{3}\right) \times \left(\frac{1}{3}\right) = \frac{8}{3^5}$

Pour le troisième cas, la probabilité est de : $\left(\frac{2}{3}\right)^2 \times \left(\frac{1}{3}\right) \times \left(\frac{1}{3}\right) \times \left(\frac{2}{3}\right) = \frac{8}{3^5}$

Pour le quatrième cas, la probabilité est de : $\left(\frac{2}{3}\right) \times \left(\frac{1}{3}\right) \times \left(\frac{1}{3}\right) \times \left(\frac{2}{3}\right)^2 = \frac{8}{3^5}$

Pour le cinquième cas, la probabilité est de : $\left(\frac{1}{3}\right) \times \left(\frac{1}{3}\right) \times \left(\frac{2}{3}\right)^3 = \frac{8}{3^5}$

En additionnant on obtient la probabilité totale qui est

$$\frac{16 + 8 \times 4}{3^5} = \frac{48}{243} = \frac{16}{81}$$

donc $m + n = 16 + 81 = 97$

Ex 30 (extrait de POFM 2020)

Soit x, le nombre d'étages de l'immeuble d'Alexie et y le nombre d'étages de l'immeuble de Baptiste. On peut traduire mathématiquement l'énoncé comme un système d'équations :

$$\begin{cases} 3x + 4y = 25 & \text{①} \\ 2x + 3y = 18 & \text{②} \end{cases}$$

$2① - 3②::$

$$6x + 8y - 6x - 9y = 50 - 54$$

D'où

$$y = 4$$

En « réinjectant » la valeur de y dans ①, on obtient :

$$3x + 4(4) = 25$$

D'où

$$x = 3$$

L'immeuble d'Alexie a 3 étages et celui de Baptiste 4.

Ex 31 (extrait de UKMT 2022)

Le problème peut être traduit en équations comme suit :
$$2(a + b) = 3(a - b)$$
$$2a + 2b = 3a - 3b$$
$$5b = a$$

Donc le rapport
a/b est égal à 5/1.

Ex 32 (extrait de RMO 2022)

Soit a, b et c, où chaque entier ($a > b > c$) est supérieur à 1, et le carré de chaque moins 1 ($a^2 - 1, b^2 - 1, c^2 - 1$) est divisible par les deux autres entiers.

$c^2 - 1$ est divisible à la fois par b et a : cela implique que b et a doivent être des diviseurs de $c^2 - 1$.

Donc a et b sont premiers entre eux. Les deux divisent $c^2 - 1$, donc leur produit ab divise $c^2 - 1$.

$$a > b > c$$
$$ab > c^2$$
$$\text{et}$$
$$c^2 > c^2 - 1$$

Donc,

$$ab > c^2 > c^2 - 1$$

Ce qui **est contraire à** la condition.

Sur la base de cette analyse, il n'existe pas trois nombres entiers supérieurs à 1 qui satisfont à toutes les conditions données.

Ex 33 (extrait de VMO 2018)

On commence par calculer les premiers termes

$$P(0) = \frac{0}{0+1} = \frac{0}{1}$$

$$P(1) = \frac{1}{1+1} = \frac{1}{2}$$

$$P(2) = \frac{2}{2+1} = \frac{2}{3}$$

$$P(2017) = \frac{2017}{2017+1} = \frac{2017}{2018}$$

Calculons $P(2018)$

$$\forall k = 0,1,2,\dots,2017 \quad P(k) = \frac{k}{k+1}, \text{so } (k+1)P(k) = k$$

$$\forall k = 0,1,2,\dots,2017, \quad (k+1)P(k) - k = 0$$

Appelons $Q(x)$ un polynôme tel que :

$$Q(x) = (x+1)P(x) - x = 0 \quad \forall x = 0,1,2,\dots,2017$$

Le degré de P(x) est 2017, donc en multipliant par (x+1), le degré de Q(x) est 2018.

$$Q(x) = 0 \quad \forall x = 0,1,2,\dots,2017$$

Ce qui signifie que 0, 1, 2, …, 2017 sont racines de ce polynôme. Donc, $Q(x) = 0$ peut être écrit :

$Q(x) = (x + 1)P(x) - x = A(x - 0)(x - 1)(x - 2)\ldots(x - 2017)$ avec A une constante.

Si $x = 2018$, alors

$$(2019)P(2018) - 2018 = A(2018)(2017)(2016)\ldots \quad (1)$$

Calculons la valeur de A

Si $x = -1$, alors

$$(-1 + 1)P(x) - (-1) = A\underbrace{(-1)(-2)(-3)\ldots(-2018)}_{2018 \text{ termes négatifs}}$$

$$1 = A(1)(2)(3)\ldots(2018)$$

Donc, $(2019)P(2018) - 2018 = A(2018)(2017)(2016)\ldots$ (1) devient

$$(2019)P(2018) - 2018 = 1$$

$$(2019)P(2018) = 2019$$

Finalement,

$$P(2018) = 1$$

Ex 34 (extrait de Kangaroo 2023)

Soient a, b, c $(a \geq b \geq c)$ trois nombres de la liste.

Après l'opération « changesum », la nouvelle liste devient

$$b + c, a + c, a + b$$

Les différences entre deux nombres de la liste avant d'appliquer l'opération « changesum » sont

$$a - b, a - c, b - c$$

La différence après application de l'opération « changesum » est

$$(b + c) - (a + c), (b + c) - (a + b), (a + c) - (a + b)$$

$$b + c - a - c, b + c - a - b, a + c - a - b$$

$$b - a, c - a, c - b$$

$$a - b, a - c, b - c = |b - a|, |c - a|, |c - b|$$

Les différences sont les mêmes, donc la plus grande différence de la liste entre 20, 2 et 3 est

$$20 - 2 = 18$$

Réponse B

Ex 35 (extrait de UKMT 2021)

Soient a et b les deux premiers termes de la séquence de Sally.

Les huit premiers termes sont

$$a, b, a + b, a + 2b, 2a + 3b, 3a + 5b, 5a + 8b, 8a + 13b.$$

$$8a + 13b = 400$$

$$400 = 8 \times 50 = 8a + 13b$$

Par conséquent, comme 8 et 13 sont premiers entre eux, b est un multiple de 8. De plus,

$$b < \frac{400}{13} < 31$$

Si $b = 8$

$$8a + 13(8) = 400$$

$$a = \frac{296}{8} = 37$$

Alors,

$$a + b = 45$$

<u>Si $b = 16$</u>

$$8a + 13(16) = 400$$

$$a = \frac{192}{8} = 24$$

Alors,

$$a + b = 40$$

<u>Si $b = 24$</u>

$$8a + 13(24) = 400$$

$$a = \frac{88}{8} = 11$$

Alors,

$$a + b = 35$$

La valeur minimale du troisième terme de la séquence de Sally est 35.

Ex 36 (extrait de JMO 2016)

La solution est un entier si et seulement si l'expression sous le radical est un carré parfait.

Remarque : $111 = 100 + 11$

Théorème binomial :

$$(x + y)^n = \sum_{k=0}^{n} \binom{n}{k} x^k y^{n-k}$$

$$(x + y)^4 = x^4 + 4x^3y + 6x^2y^2 + 4xy^3 + y^4$$

$$x^4 + y^4 + (x + y)^4 = 2x^4 + 4x^3y + 6x^2y^2 + 4xy^3 + 2y^4$$

$$\frac{x^4 + y^4 + (x + y)^4}{2} = x^4 + 2x^3y + 3x^2y^2 + 2xy^3 + y^4$$

On transforme cette quantité en un carré parfait :

$$x^4 + 2x^3y + 3x^2y^2 + 2xy^3 + y^4 =$$

$$(x^2)^2 + (y^2)^2 + (xy)^2 + 2x^3y + 2x^2y^2 + 2xy^3 =$$

$$(x^2 + y^2 + xy)^2$$

Donc,

$$\sqrt{\frac{x^4 + y^4 + (x + y)^4}{2}} =$$

$$\sqrt{(x^2 + y^2 + xy)^2} =$$

$$x^2 + y^2 + xy$$

Pour x=11, y=100

$$\sqrt{\frac{11^4 + 100^4 + (11 + 100)^4}{2}} =$$

$$11^2 + 100^2 + 11 \times 100 =$$

$$121 + 10\,000 + 1100 = 11221$$

Ex 37 (extrait de IJMO 2021)

$$x + \frac{x}{1+2} + \frac{x}{1+2+3} + \frac{x}{1+2+3+4} + \cdots + \frac{x}{1+2+3+4+\cdots 4041} = 4041$$

$$x\left(1 + \frac{1}{1+2} + \frac{1}{1+2+3} + \frac{1}{1+2+3+4} + \cdots + \frac{1}{1+2+3+4+\cdots 4041}\right) = 4041$$

La formule pour trouver la somme de n termes est $S = \frac{n(n+1)}{2}$, donc

$$x\left(1 + \frac{1}{\frac{2 \times 3}{2}} + \frac{1}{\frac{3 \times 4}{2}} + \frac{1}{\frac{4 \times 5}{2}} + \cdots + \frac{1}{\frac{4041 \times 4042}{2}}\right) = 4041$$

$$x\left(\frac{2}{1 \times 2} + \frac{2}{2 \times 3} + \frac{2}{3 \times 4} + \frac{2}{4 \times 5} + \cdots + \frac{2}{4041 \times 4042}\right) = 4041$$

$$2x\left(\frac{1}{1 \times 2} + \frac{1}{2 \times 3} + \frac{1}{3 \times 4} + \frac{1}{4 \times 5} + \cdots + \frac{1}{4041 \times 4042}\right) = 4041$$

Remarque : $\dfrac{1}{n(n+1)} = \dfrac{1}{n} - \dfrac{1}{n+1}$

$$2x\left(1 - \frac{1}{2} + \frac{1}{2} - \frac{1}{3} + \frac{1}{3} - \frac{1}{4} + \frac{1}{4} - \cdots + \frac{1}{4041} - \frac{1}{4042}\right) = 4041$$

$$2x\left(1 - \frac{1}{4042}\right) = 4041$$

$$2x\left(\frac{4041}{4042}\right) = 4041$$

$$\frac{2x}{4042} = 1$$

$$x = 2021$$

Ex 38 (extrait de PMO 2009)

$$2x + 5y = 100 = 2 \times 50 = 5 \times 20$$

x est un multiple de 5 et $0 < x \leq 50$

y est un nombre pair et $0 < y \leq 20$

$0 < y \leq 20$, cela donne 9 possibilités (2,4,6,8,10,12,14,16,18).

Donc la solution est :

$$S = \{(45,2)(40,4)(35,6)(30,8)(25,10)(20,12)(15,14)(10,16)(5,18\}$$

Ex 39 (extrait de CJMO 2021)

$$\begin{cases} a + b + c = 2 \quad ① \\ b + c + d = 2 \quad ② \\ c + d + e = 2 \quad ③ \\ d + e + f = 2 \quad ④ \\ e + f + g = 2 \quad ⑤ \end{cases}$$

En soustrayant ①-② : $a + b + c - b - c - d = 2 - 2$

$$a - d = 0 \rightarrow a = d$$

En soustrayant ②-③ : $b + c + d - c - d - e = 2 - 2$

$$b - e = 0 \rightarrow b = e$$

En soustrayant ③-④ : $c + d + e - d - e - f = 2 - 2$

$$c - f = 0 \rightarrow c = f$$

En soustrayant ④-⑤ : $d + e + f - e - f - g = 2 - 2$

$$d - g = 0 \rightarrow d = g = a (de① - ②)$$

En remplaçant on obtient,

$$a + b + c + d + e + f + g = a + b + c + a + b + c + a$$

$$a + b + c + d + e + f + g = a + b + c + a + b + c + a$$

$$a + b + c + d + e + f + g = 2(a + b + c) + a$$

Et ① $\quad a + b + c = 2$

$$a + b + c + d + e + f + g = 4 + a$$

Mais ① est $a + b + c = 2$ et les entiers sont non négatifs, de sorte que a vaut au plus 2

La valeur maximale possible de $a + b + c + d + e + f + g$ est 6

Ex 40 (extrait de UKMT 2021)

Soit £x le montant que l'oncle de Bill donne après son anniversaire.

Chaque semaine, Bill mettait 2 £ dans sa tirelire et ainsi, à la fin de la neuvième semaine, Bill avait ajouté un total de 16 £ à sa tirelire. Le montant total dans sa tirelire à la fin de la neuvième semaine était donc de $(x + 16)$ £.

De plus, à la fin de la neuvième semaine, Bill avait triplé le montant,

$$x + 16 = 3x$$

$$x = 8$$

$$3x = 24$$

Bill disposait de 24 £ à la fin de la neuvième semaine.

Ex 41 (extrait de SMO 2021)

Commençons par l'identité remarquable suivante :

$$(x + y)^2 = x^2 + y^2 + 2xy$$

$$x^2 + y^2 = (x + y)^2 - 2xy$$

$$x^2 + y^2 = 144 - 2(10)$$

$$x^2 + y^2 = 124$$

Ensuite :

$$(x^2 + y^2)^2 = x^4 + y^4 - 2x^2y^2$$

$$x^4 + y^4 = (x^2 + y^2)^2 - 2x^2y^2$$

$$x^4 + y^4 = (124)^2 - 2(xy)^2$$

$$x^4 + y^4 = (124)^2 - 200$$

$$x^4 + y^4 = 15176$$

Ex 42 (extrait de OFM 2022)

Soit k un entier positif. $k = \lfloor n \rfloor$ si et seulement si :

$$k^2 \leq n < k^2 + 2k$$

Autrement dit si

$$k^2 \leq n < (k + 1)^2 = k^2 + 2k + 1$$

k divise n si et seulement si

$$n/k \in \{k, k + 1, k + 2\}$$

Considérons maintenant $n - k^2$

$$0 \leq n - k^2 < 2k$$

k divise n si et seulement si :

$$n - k^2 \in \{0, k, k^2\}$$

Finalement, les entiers recherchés sont de la forme k^2, $k(k + 1)$ or $k(k + 2)$ with $k \geq 1$.

Ex 43 (extrait de UKMT 2022)

$$(x^2 + 3x + 1)^{x^2 - x - 6} = 1$$

Premier cas :

$$x^2 - x - 6 = 0$$

$$(x + 2)(x - 3) = 0$$

$$x = -2 \text{ or } x = 3$$

Deuxième cas :

$$x^2 + 3x + 1 = 1$$

$$x^2 + 3x = 0$$

$$x(x + 3) = 0$$

$$x = 0 \text{ or } x = -3$$

Troisième cas :

$$x^2 + 3x + 1 = -1$$

$$x^2 + 3x + 2 = 0$$

$$(x + 2)(x + 1) = 0$$

$$x = -2 \text{ or } x = -1$$

$$S = \{-3; -2; -1; 0; 3\}$$

Ex 44 (extrait de POFM 2019)

Soit le couple (a, c) avec a et c de même parité. On peut l'associer à un entier n unique parmi ceux recherchés. Il s'agit donc de déterminer combien de couples d'entiers (a, c) de même parité existent, tels que $1 \leq a \leq 9$ et $0 \leq c \leq 9$. Or, pour chaque valeur possible de a, il existe exactement 5 valeurs appropriées de c. Il y a donc 9 × 5 = 45 couples (a, c) recherchés, et la réponse attendue est 45.

Ex 45 (extrait de UKMT 2023)

Soit P un nombre premier et $S = n^2$ le carré d'un nombre.

Le carré d'un nombre est exactement quatre fois plus grand qu'un nombre premier :

$$P + 4 = S$$

$$P = S - 4$$

$$P = n^2 - 4$$

$$P = (n + 2)(n - 2)$$

Donc, P est un nombre premier si et seulement si :

Cas 1 :

$$n - 2 = 1$$

$$n = 3$$

$$S = 3^2 = 9$$

$$P = S - 4 = 5$$

Cas 2 :

$$n + 2 = 1$$

$$n = -1$$

$$P = n^2 - 4 = -3 \text{ (impossible)}$$

Réponse B

Ex 46 (extrait de SMO 2023)

$$\begin{cases} xy + x + y = 104 \\ yz + y + z = 146 \\ zw + z + w = 524 \end{cases}$$

En factorisant chaque équation, on obtient :

$$\begin{cases} x(y + 1) + y = 104 \\ y(z + 1) + z = 146 \\ z(w + 1) + w = 524 \end{cases}$$

On ajoute 1

$$\begin{cases} x(y + 1) + y + 1 = 104 + 1 \\ y(z + 1) + z + 1 = 146 + 1 \\ z(w + 1) + w + 1 = 524 + 1 \end{cases}$$

On factorise pour obtenir

$$\begin{cases} (y+1)(x+1) = 105 & \text{①} \\ (z+1)(y+1) = 147 & \text{②} \\ (w+1)(z+1) = 525 & \text{③} \end{cases}$$

$$(y+1)(x+1) = 105 = 3 \times 7 \times 5 \quad \text{①}$$

$$\begin{cases} (y+1)(x+1) = 3 \times 5 \times 7 & \text{①} \\ (z+1)(y+1) = 3 \times 7^2 & \text{②} \\ (w+1)(z+1) = 3 \times 5^2 \times 7 & \text{③} \end{cases}$$

<u>Cas 1 :</u>

$$x+1 = 3 \times 5 \rightarrow x = 14$$

$$y+1 = 7 \rightarrow y = 6$$

$$z+1 = 3 \times 7 \rightarrow z = 20$$

$$w+1 = 5^2 \rightarrow w = 24$$

<u>Cas 2 :</u>

$$x+1 = 5 \rightarrow x = 4$$

$$y+1 = 3 \times 7 \rightarrow y = 20$$

$$z+1 = 7 \rightarrow z = 6$$

$$w+1 = 3 \times 5^2 \rightarrow w = 74$$

$$w = 74 = 2 \times 37 \text{ (impossible, car } xyzw = 2^7 \times 3^2 \times 5 \times 7)$$

Donc, finalement,

$$x+y+z+w = 14 + 6 + 20 + 24 = 64$$

Ex 47 (extrait de UKMT 2023)

La situation est la suivante :

1er dé	3	3	3	3	3	3
2e dé	1	2	3	4	5	6

Ou

1er dé	1	2	3	4	5	6
2e dé	3	3	3	3	3	3

$$\frac{P(3\ \&\ 3)}{P(au\ moins\ un\ "3")} = \frac{\frac{1}{6} \times \frac{1}{6}}{1 - P(pas\ de\ "3")}$$

$$\frac{P(3\ \&\ 3)}{P(au\ moins\ un\ "3")} = \frac{\frac{1}{36}}{1 - \left(\frac{5}{6} \times \frac{5}{6}\right)}$$

$$\frac{P(3\ \&\ 3)}{P(au\ moins\ un\ "3")} = \frac{\frac{1}{36}}{1 - \frac{25}{36}}$$

$$\frac{P(3\ \&\ 3)}{P(au\ moins\ un\ "3")} = \frac{\frac{1}{36}}{\frac{11}{36}} = \frac{1}{11}$$

Ex 48 (extrait de USAJMO 2023)

$$\begin{cases} xy + 4z = 60 & \text{①} \\ yz + 4x = 60 & \text{②} \\ zx + 4y = 60 & \text{③} \end{cases}$$

En soustrayant ② de ① :

$$xy + 4z - yz - 4x = 60 - 60$$

$$(x - z)y + 4(z - x) = 0$$

$$(x - z)(y - 4) = 0 \;\text{④}$$

En soustrayant ③ de ① :

$$xy + 4z - zx - 4y = 60 - 60$$

$$(y - z)x + 4(z - y) = 0$$

$$(y - z)(x - 4) = 0 \;\text{⑤}$$

En soustrayant ③ de ② :

$$yz + 4x - zx - 4y = 60 - 60$$

$$(y - x)z + 4(x - y) = 0$$

$$(y - x)(z - 4) = 0 \;\text{⑥}$$

<u>Cas 1</u> : $x = y = z$

① devient $x^2 + 4x - 60 = 0$

$$(x - 6)(x + 10) = 0$$

$$x = y = z = 6 \; or \; x = y = z = -10$$

<u>Cas 2</u> : $x \, . \, y \neq x \neq z$

de $\textcircled{5}$: $z = 4$ et de $\textcircled{4}$: $y = 4$

$\textcircled{1}$ devient $4x + 16 = 60$

$$4x = 44$$

$$x = 11$$

Encore une fois, nous pouvons permuter x, y, z de manière cyclique pour obtenir des solutions

$$S = \{(6, 6, 6), (-10, -10, -10), (11, 4, 4), (4, 11, 4), (4, 4, 11)\}$$

Ex 49 (extrait de AIME 2018)

Le problème équivaut à trouver une solution au système :

$$\begin{cases} 196a + 14b + c = 225a + 15c + b & \textcircled{1} \\ 225a + 15c + b = 216a + 36c + 6a + c & \textcircled{2} \end{cases}$$

Avec :

$$5 \geq a \geq 1,$$

$$13 \geq b \geq 0$$

$$5 \geq c \geq 0$$

En Simplifiant $\textcircled{2}$

$$\begin{cases} 196a + 14b + c = 225a + 15c + b \\ b = -3a + 22c \end{cases}$$

Ensuite en substituent la Valeur de b dans $\textcircled{1}$:

$$\begin{cases} 196a + 14(-3a + 22c) + c = 225a + 15c - 3a + 22c \\ b = -3a + 22c \end{cases}$$

$$\begin{cases} 68a = 272c \\ b = -3a + 22c \end{cases}$$

$$\begin{cases} a = 4c \\ b = -3a + 22c \end{cases}$$

$$a = 4c \text{ et } 5 \geq a \geq 1$$

$$\text{donc, } c = 1 \ et \ a = 4$$

$$b = -3(4) + 22(1) = 10$$

$$n = (4141)_6 = 4 \times 6^3 + 1 \times 6^2 + 4 \times 6^1 + 1 \times 6^0$$

$$n = 864 + 36 + 24 + 1$$

$$n = 925$$

Ex 50 (extrait de UKMT 2021)

Soit a le prix de la pizza

Soit b le prix du Chili

Soit c le prix d'un plat de pâtes

La famille Smith est allée au restaurant et a acheté deux pizzas, trois Chili con carne et quatre plats de pâtes. Ils ont payé 53 £ au total.

$$2a + 3b + 4c = 53 \qquad ①$$

La famille Patel est allée dans le même restaurant et a acheté cinq pizzas, six Chili con carne et sept plats de pâtes. Ils ont payé 107 £ au total.

$$5a + 6b + 7c = 107 \qquad ②$$

$$\text{②} - 2\text{①}: 5a + 6b + 7c - 4a - 6b - 8c = 107 - 106$$

$$\text{②} - 2\text{①}: a - c = 1$$

Une pizza coûte donc 1 £ de plus qu'un plat de pâtes.

Pays des maths

13, rue de l'université

75007 Paris

Dépôt légal aout 2023